MW00528619

SRA Intervenciones tempranas de la lectura

Edición del estudiante

McGraw Hill SRA

Bothell, WA • Chicago, IL • Columbus, OH • New York, NY

Credits

MHEonline.com

 SRA

The McGraw-Hill Companies

Tabla de contenidos

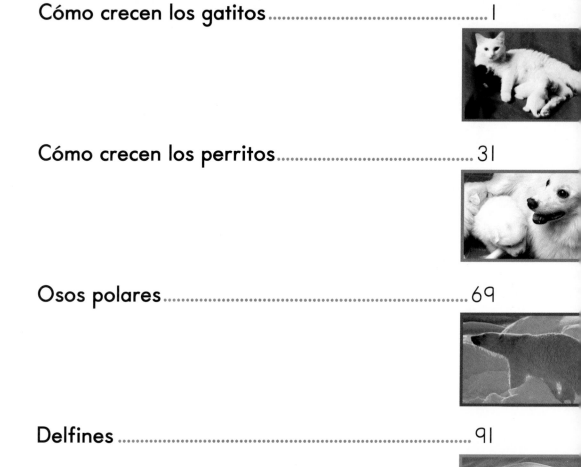

Cómo crecen los gatitos

por Millicent E. Selsam

Fotografías de Neil Johnson

La mamá gata
acaba de tener
estos cuatro gatitos.
Se acuesta de
lado y comienza
a lamerlos.

Cada gatito es pequeñito.
No puede ver porque sus ojos están cerrados.
No puede oír porque sus orejas están cerradas.
Pero puede oler, tocar y sentir calorcillo.

Cada uno gatea hasta el cuerpo calentito de
la mamá.
Sus patitas delanteras se mueven despacito,
y arrastra las de atrás a la vez.
Mueve la cabeza de un lado a otro,
hasta que al fin llega junto a su mamá.

Los gatitos buscan la tetilla,
con sus naricitas y sus boquitas,
en el cuerpo peludito de la mamá.
Cuando la encuentran, agarran la tetilla
con sus boquitas y comienzan a mamar.
Los gatitos beben leche a la hora de haber nacido.

Estos gatitos pequeñitos necesitan a su mamá.
Ella les da de comer.
Ella les da calor.
Ella los protege.

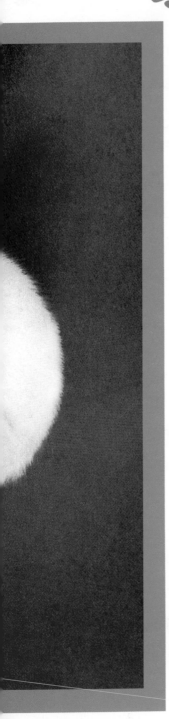

Durante los primeros cuatro
días la mamá casi no se
separa de sus gatitos.
Sólo se levanta cada dos
horas para estirarse y salir
a comer.

Después del cuarto día, se
levanta con más frecuencia.
Los gatitos duermen
mientras ella no está.
Casi siempre duermen uno
arriba del otro para darse
calorcito.

Cuando la mamá
gata regresa,
lame a los gatitos.
Esto los despierta.
Entonces la mamá
se acuesta de
lado, y les da de
mamar otra vez.

Ya para entonces,
los gatitos
saben cuál es
la tetilla que le
corresponde a
cada uno.
Si un gatito trata
de tomar el lugar
de otro, éste
sujeta la tetilla
con fuerza, y no
la suelta.

Cuando los gatitos tienen dos semanas, ya tienen los ojos abiertos, y las orejas también.

Los gatitos siguen creciendo. Ahora pesan casi el doble de lo que pesaban al nacer.

Los gatitos
todavía gatean.
No pueden caminar
aún, pero ya
comienzan a ver
y oír mejor.

A veces uno de los gatitos
se aleja del lado de la mamá.
Siente el suelo frío,
y el olor es diferente.
El gatito llora.
La mamá lo oye y sale a buscarlo.
Lo sujeta por el cuello
y lo trae junto a la cría.

Ahora los gatitos
tienen cuatro
semanas.
Ellos pueden ir
junto a su mamá
para que les dé de
mamar, si ella no
se acerca a ellos.
Cada semana
aumentan unas
seis onzas.

Los gatitos pueden
pararse y caminar
despacito, aunque
todavía se
tambalean.
Ya pueden ver bien.
Y oyen muy bien.

La mamá ya no se acerca
tanto a los gatitos.
Pero ellos la siguen de un
lugar a otro, y consiguen
que se acueste para que
les dé de comer.
Todavía beben leche cada
cual de su tetilla.

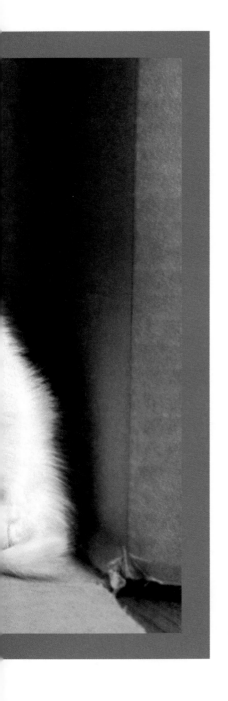

Ya los gatitos pueden
jugar entre ellos.
Se lamen unos a otros.
Se persiguen y
retozan juntos.

Juegan con todo lo que encuentran.

Corren detrás de la mamá.
Saltan sobre ella.
Le lamen la cara.
Le muerden la cola.

A veces juegan
muy bruscamente.
Entonces la mamá
salta lejos de
los gatitos.
Brinca sobre un
banquillo o sobre
una repisa.
A veces les da
con la patita para
regañarlos.

Cuando los gatitos tienen cinco semanas,
cada vez toman menos leche de la mamá.
Pero ahora pueden beber leche de un plato.
Siguen a la mamá cuando ella va a comer.

A veces meten las patitas
en el plato de comida.
Y algunas veces pisan
la comida que cae en
el piso.
Entonces se lamen
las patitas.
¡Qué bien sabe!
Otras veces prueban
la comida cuando le
lamen la boca a la mamá.
De esta manera aprenden
a comer alimentos sólidos.

25

En el campo, los gatos
cazan su propio alimento.
Al principio, la mamá les trae
animales vivos a los gatitos.
Y así ellos comienzan a conocer
los alimentos que luego cazarán.
Después los gatitos van detrás de la
mamá cuando ella sale a buscar comida.

Así es como aprenden a cazar animales pequeños, como el ratón.

Los gatitos ya tienen dientes, ahora pueden masticar.

Al principio son dientes de leche, como los tuyos. Cuando el gato tiene seis meses, se le caen los dientes de leche, y en su lugar le salen los dientes permanentes.

Cuando los gatitos tienen ocho semanas,
ya no beben leche de su mamá.
Han aprendido a comer alimentos sólidos.
Pueden cazar, brincar, saltar, correr y
moverse sin hacer ruido en la hierba
para cazar un ratón.

29

Pueden hacer todo lo que
hace un gato grande.
Este es el mejor momento
de "adoptar" un gatito.

30

Cómo crecen los perritos

por Millicent E. Selsam

Fotografías de Neil Johnson

Aquí hay seis
perritos. Apenas
hace unos días
que nacieron.

33

Son chiquitos.
Tienen los ojos cerrados.
No pueden abrirlos para ver.

Tienen las orejas cerradas.
No pueden oír.

Pero sí pueden saborear.
Pueden tocarse
y sentirse unos a otros.

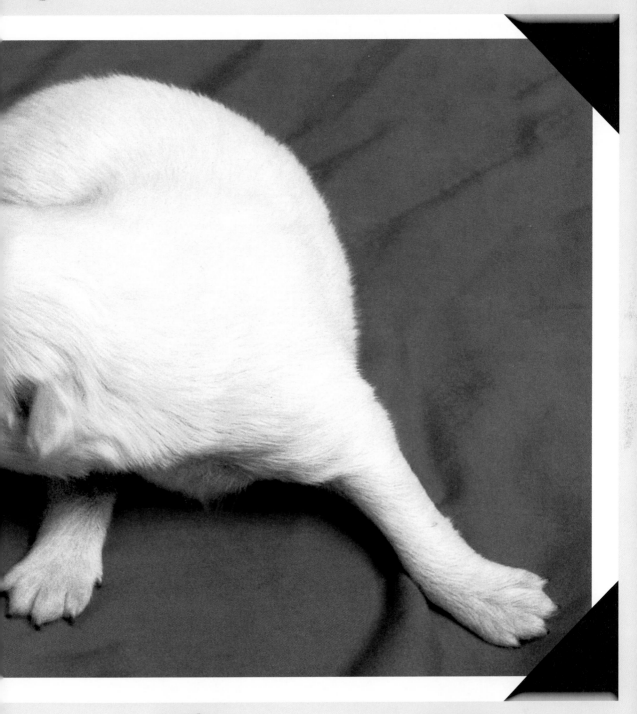

Ya reconocen las tetillas
en el cuerpo de su mamá
y pueden mamar su leche.

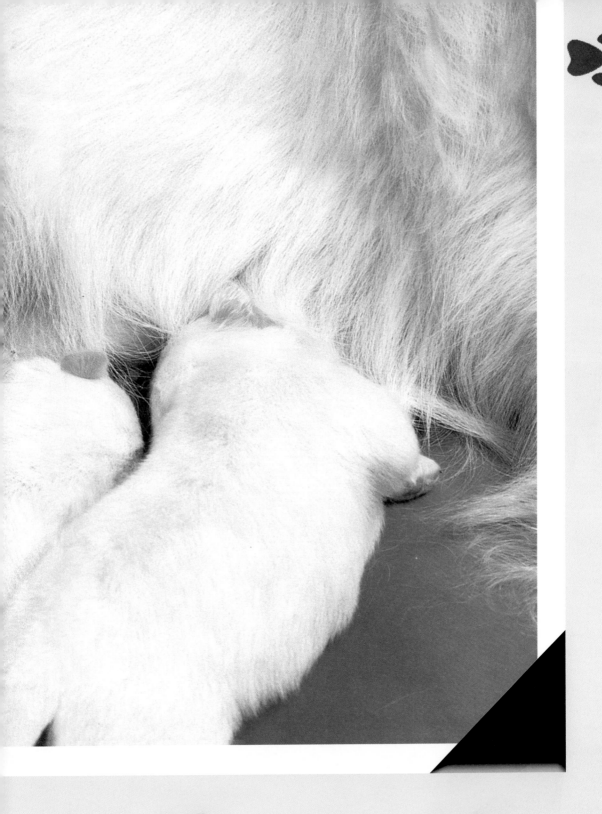

Estos bebés chiquititos
necesitan a su mamá.
No podrían vivir sin ella.
Ella les da de comer,
los mantiene calentitos,
y los protege.

39

A veces, los perritos se
alejan de la mamá.
Pero ella va a buscarlos, los
agarra cuidadosamente con
la boca y los lleva junto al
resto de la cría.

Al principio, la mamá nunca se aleja de los
perritos. Pero después de unos días los deja
solos a ratos.
Los perritos se arrastran sin alejarse mucho.
No pueden ver a dónde van.
Pero mueven la cabeza de un lado a otro,
hasta que se tocan y saben donde están.

Los perritos se acurrucan todos juntos.
Así se mantienen calentitos.

Se quedan quietecitos.
Se quedan dormiditos.

La mamá regresa a dar de comer
a sus perritos. Los lame.
Esto los despierta.
Empiezan a arrastrarse y a mover
la cabeza de un lado a otro hasta
que encuentran a su mamá.
Ella entonces se echa y los deja mamar.

Durante la primera semana
los perritos comen y duermen
la mayor parte del tiempo.

Cuando los perritos tienen
alrededor de dos semanas,
empiezan a caminar.
Se caen muchas veces
hasta que aprenden.

Ya empiezan a abrir los ojos.
Ven las cosas que los rodean,
aunque no muy bien.

Los perritos ya tienen cuatro semanas. Pueden caminar sin caerse. También pueden ver mejor. Y por primera vez empiezan a percibir los sonidos. ¡Un ruido fuerte los hace saltar!

Tienen unos cuantos dientes
y pueden comer algunos
alimentos sólidos.
Pero todavía necesitan la
leche de su mamá.
Ellos van donde ella está si
ella no viene junto a ellos.

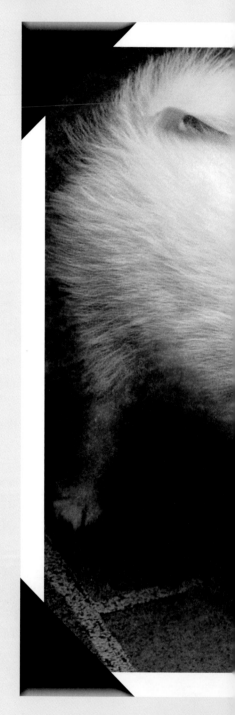

Los perritos juegan con su
mamá siempre que ella los deje.

Le lamen la cabeza.
Le muerden el rabo.
Le dan suaves mordiscos en
las orejas, el hocico y el lomo.

Cuando tienen
cuatro semanas,
también juegan
mucho unos con
otros.

Se lamen
unos a otros.
Se muerden
las orejas,
y pelean
entre sí.

Corretean
uno tras otro.
Algunas veces
juegan con
juguetes.

Ya los perritos tienen siete
semanas. Corren, se persiguen,
dan volteretas y juegan unos
con otros constantemente.

Así es como aprenden a
llevarse bien con otros perros.

La mamá los deja
solos muchas veces.
Cuando los perritos la
ven, corren hacia ella y
tratan de mamar.

A veces la mamá
los deja mamar. Pero
muchas veces los
aleja de ella. Puede
que les gruña y les
dé mordiscos. De esta
manera les enseña a no
depender de su leche.

Durante las próximas
semanas aprenden a
comer otros alimentos
sólidos. Cada vez
crecen más.

El mejor momento para obtener un perrito es cuando éste tiene entre seis y ocho semanas.

Ya sabe comer alimentos sólidos, y ha aprendido a convivir con otros perros.

Ahora puede aprender a jugar contigo.

Te puede lamer
la mano o la cara.

Te puede
mordisquear
el dedo.

Puede correr
tras de ti.

67

Puede aprender
a ser tu amigo.

OSOS POLARES

MAMÍFERO MARINO

por Sarah Palmer

Versión en español de Lois Sands

OSOS POLARES

Los osos polares son los animales más grandes y poderosos del **hielo empacado** del Ártico. No temen a ningún otro animal. Ninguno es suficientemente grande para enfrentar en una pelea al oso polar. Los osos polares *(Thalarctos maritimus)* pertenecen a la familia de los osos. Son parientes cercanos de los osos pardos. Los osos polares se sienten a gusto tanto en la tierra como en el agua. Ellos pasan mucho tiempo en la tierra y usan el océano como fuente de comida.

Los osos polares grandes y blancos tienen cuerpos muy poderosos

CÓMO SON

Los osos polares están cubiertos de piel gruesa color blanco cremoso. Esta piel los mantiene calientes y les da buen **camuflaje** en el paisaje cubierto de nieve. El peso promedio de un oso polar macho es de 1,000 libras y mide como diez pies de largo. Las hembras de los osos polares son más pequeñas, midiendo como ocho pies de largo. Algunos osos polares de Alaska han pesado mucho más de 1,500 libras.

Un oso polar descansa bien camuflado en la nieve

DÓNDE VIVEN

Los osos polares se encuentran solamente en el hielo empacado del Ártico. Cuando el hielo se derrite en el verano, los osos se van al Norte. En el invierno ellos regresan a los límites sureños del hielo empacado. Las poblaciones de los osos polares viven en cinco lugares: los Estados Unidos, Canadá, Groenlandia, Rusia y Noruega. Los gobiernos de todos estos lugares tienen prohibida la caza de osos polares.

Los osos polares viven en el hielo empacado del Ártico

SUS SENTIDOS

Los osos polares son animales curiosos. A menudo se paran en sus patas traseras para ver mejor y para olfatear las cosas. Ellos siguen las huellas de los vehículos de nieve por millas. Como todos los animales, ellos tienen que depender de sus sentidos para encontrar comida y defenderse de ataques inesperados. Los osos polares no pueden ver muy bien. Por suerte el sentido del olfato que tienen es excelente. ¡Los osos polares pueden oler una foca sabrosa desde muy lejos!

Los osos polares se paran en sus patas traseras para dar una buena mirada a su alrededor

Los osos polares juegan a la lucha un día de verano del Ártico

Los osos polares a veces son llevados por millas en hielos flotantes

CAZANDO PRESA

Los osos polares cazan solos.
La comida favorita de ellos es carne
de foca y en especial les gusta la foca
anillada. Los osos polares **cazan al acecho**
a las focas, calladitos y con mucho cuidado.
Van gateando en sus barrigas, metiéndose
y saliendo del agua entre los hielos
flotantes. Los osos polares deben
atacar en la tierra porque las focas
son demasiado rápidas para ellos
en el agua. Los osos polares
solamente comen parte
de las focas. Dejan el
resto para que se
lo coman las
zorras del
Ártico.

*Los osos polares cazan
al acecho a su presa por
el agua y sobre hielo*

LO QUE COMEN

Los osos polares son **carnívoros,** o comedores de carne. Durante los meses del verano a veces comen hojas y bayas, pero prefieren comer carne. Comen como ocho libras de carne cada día. Comen toda clase de foca, pescado y otros **mamíferos** más pequeños. A veces los osos polares atacan a las manadas de morsas. Las morsas corren a la seguridad del océano. Las que se quedan llegan a ser **presa** fácil para el oso polar.

Los osos polares se sienten a gusto en el agua y fuera del agua

OSOS POLARES BEBÉS

Los **cachorros** de la osa polar nacen en el invierno. Una osa polar normalmente tiene cachorros gemelos cada dos o tres años. Cuando los cachorros nacen sólo miden de 7 a 12 pulgadas de largo y pesan menos de dos libras. Los osos polares nacen en una **guarida** que la mamá ha excavado debajo de la nieve. La hembra y sus cachorros se quedan en la guarida alrededor de tres meses. Los cachorros comen la leche rica de su mamá.

Una osa polar guía a su cachorro al océano a cazar comida

LA FAMILIA DEL
OSO POLAR

Los osos polares dejan su guarida
por primera vez en los meses primaverales
de marzo o abril. Los cachorros ya están
fuertes y sanos. Pesan como 20 libras.
La mamá osa tiene hambre. Ella no comió
todo el tiempo que estuvo en la guarida y
ahora pesa la mitad de su peso normal.
Ahora la mama osa necesita comida
y le enseñará a sus cachorros a
cazar. ¡Les encanta jugar en
la nieve! Después de un
año los cachorros son
suficientemente
grandes para
cuidarse
solos.

GLOSARIO

camuflaje—una manera de esconderse mezclándose con el medio ambiente

carnívoro—que come carne

cachorro—un oso polar bebé

cazar al acecho—seguir calladamente, listo para atacar

guarida—un agujero excavado debajo de la nieve donde nacen los osos polares

hielo empacado—un área donde pedazos de hielo flotan juntos en el océano

hielo flotante—un trozo grande de hielo que flota

mamíferos—animales que alimentan su cría con leche de madre

presa—un animal que es cazado por otro para su comida

DELFINES

MAMÍFERO MARINO

por Sarah Palmer

Versión en español de Lois Sands

Los delfines con nariz en forma de
botella se ven seguido en las películas

DELFINES

El nombre científico, *Delphindae*, incluye todos los delfines y sus parientes más pequeños, las marsopas.

Hay muchas clases de delfines. Una clase muy conocida es el delfín con la nariz en forma de botella *(Tursiops truncatus)*. Se ve casi siempre en películas. Estos delfines aprenden trucos con facilidad. El delfín más común es *Delphinus delphis*, o el delfín común.

CÓMO SON

La mayoría de los delfines tienen espaldas grises o cafés con la parte de abajo de color más claro. Todos se parecen. Algunos tienen marcas que nos ayudan a reconocerlos. Hay delfines con manchas blancas en los costados. Las ballenas matadoras, que son en realidad delfines grandes, tienen marcas negras y blancas. Los delfines crecen hasta un tamaño de casi ocho pies. Algunas clases pueden llegar a doce pies.

Las ballenas matadoras a veces son
entrenadas con delfines

95

Los delfines a veces siguen los barcos al puerto

DÓNDE VIVEN

Los delfines viven en la mayoría de los océanos del mundo.

Los delfines comunes y los que tienen nariz en forma de botella se pueden ver en los océanos más tibios por todo el mundo. Muchas veces se los ve donde **rompen de las olas** o saltan cerca de botes y barcos en el Océano Atlántico. Los delfines también se arriman cerca de la orilla. Algunas clases de delfines, como el delfín Ganges, *(Platanista gangetica),* viven en los ríos. Estos delfines son muy diferentes a los que viven en el océano.

Un cardumen de delfines casi siempre
indica que muy cerca hay peces

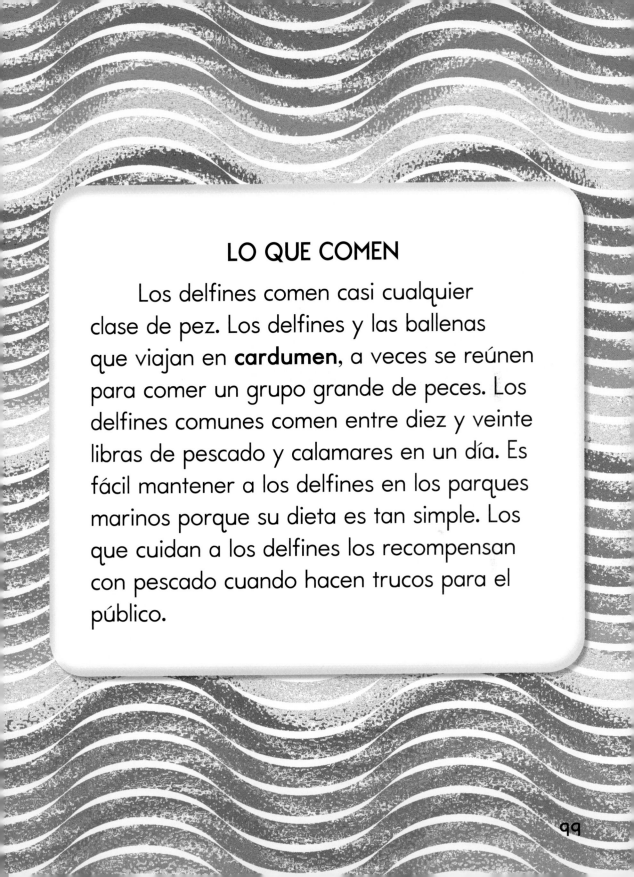

LO QUE COMEN

Los delfines comen casi cualquier clase de pez. Los delfines y las ballenas que viajan en **cardumen**, a veces se reúnen para comer un grupo grande de peces. Los delfines comunes comen entre diez y veinte libras de pescado y calamares en un día. Es fácil mantener a los delfines en los parques marinos porque su dieta es tan simple. Los que cuidan a los delfines los recompensan con pescado cuando hacen trucos para el público.

A los delfines les encanta jugar en el océano

Las ballenas matadoras son delfines muy grandes

VIVIENDO EN EL OCÉANO

Los delfines son muy elegantes. Sus cuerpos lisos se mueven ágilmente por el agua y saltan por el aire. Las colas de los delfines son muy fuertes. Dirigen sus cuerpos con sus **aletas** y usan sus colas para moverse rápidamente por el agua. Los delfines son nadadores veloces. Pueden nadar distancias cortas a más de 25 millas por hora. Como todos los **mamíferos** marinos, los delfines necesitan respirar aire. Pueden quedarse debajo del agua solamente por cinco minutos así que no se zambullen muy hondo.

Los delfines pueden nadar muy ligero

SUS SENTIDOS

Los delfines pueden oír bien. Pueden escuchar sonidos que la gente no puede oír. Los delfines usan sonidos para ayudarlos a "ver" objetos debajo del agua. Ellos envían silbidos y chasquidos por el agua. Cuando los sonidos rebotan en los objetos, hacen un eco. Cada objeto hace un eco diferente. Los delfines se dan cuenta por el eco dónde están los objetos.

Los delfines pueden evitar barcos
usando su excelente sentido del oído

Los delfines se comunican con una
serie de crujidos y chasquidos

LA COMUNICACIÓN

Los delfines se hablan entre sí por medio de una serie de chasquidos, crujidos y silbidos. Los científicos todavía están estudiando los sonidos que hacen los delfines. En un experimento retardaron un chasquido que dura un segundo. Encontraron que era en realidad una serie de chasquidos rápidos. Cada chasquido que la gente oye se compone de 20 a 400 chasquidos en una fracción de un segundo.

Mucha gente ha tratado de entender el idioma complicado de los delfines. Hasta la fecha nadie ha podido hacerlo.

DELFINES BEBÉS

Las hembras de los delfines normalmente tienen un **becerro marino** cada dos años. Las crías nacen con la cola primero así no se ahogan. Otra hembra delfín ayuda a la madre a alzar su cría a la superficie del agua para que respire. Al principio los becerros se quedan muy cerca de sus madres. Al ir creciendo, los becerros se ponen más curiosos y se van a nadar o a jugar solos. Sin embargo, regresan al lado de sus madres cuando ellas llaman.

Los delfines bebés se sienten seguros
al lado de sus madres

LOS DELFINES Y LOS SERES HUMANOS

A la gente le encanta ver los trucos de los delfines en el zoológico. Ellos saltan por aros y juegan a la pelota con sus guardianes. Los delfines son muy inteligentes.

Aprenden sus trucos rápidamente y con facilidad. ¡A veces ellos inventan trucos sólo para divertirse! Los delfines pueden transformar a casi cualquier objeto en un juego. Los delfines jóvenes son especialmente enérgicos. Siempre están listos para jugar.

GLOSARIO

aletas—miembros del cuerpo de los delfines que los ayuda a guiar su cuerpo por el agua

becerro marino—un delfín joven

cardumen—grupo de delfines

mamíferos—animales que alimentan sus crías con leche de madre

romper de las olas—saltar de una ola por el aire

NUTRIAS DE MAR

MAMÍFERO MARINO

por Sarah Palmer

Versión en español de Lois Sands

NUTRIAS DE MAR

Las nutrias de mar *(Enhydra lutris)* son los **mamíferos** marinos más pequeños del mundo. Las nutrias de mar y las nutrias de río pertenecen a la familia de la comadreja. Las nutrias de mar y las nutrias de río se parecen mucho. Las nutrias de mar tienen cuerpos más gruesos y colas más cortas que las nutrias de río. Hay tres clases de nutrias de mar pero la mayoría de la gente no puede distinguir una de la otra.

Las nutrias de mar son los mamíferos más pequeños del mundo

CÓMO SON

Las nutrias de mar son criaturas peludas. Su piel café tiene un tinte plateado. Los machos son más grandes que las hembras. Los machos a veces crecen hasta casi seis pies de largo, de la nariz hasta la cola. El largo promedio de una nutria de mar hembra es alrededor de cuatro pies. Las patas delanteras de las nutrias de mar tienen cinco deditos que usan para agarrar los objetos. Sus **miembros traseros** se han desarrollado en aletas grandes.

Las nutrias de mar tienen piel plateada

DÓNDE VIVEN

Las nutrias de mar se pueden encontrar en tres áreas del mundo. Un grupo vive en el Sur de California y México. El segundo grupo vive cerca de Alaska y las Islas Aleutianas. El tercer grupo vive al Noroeste del Océano Pacífico cerca de Rusia. Las nutrias de mar pasan la mayor parte del tiempo en el agua. Muchas veces se pueden ver flotando flojamente en sus espaldas en áreas de hierbas marinas llamadas **lechos de algas marinas.**

Las nutrias de mar usualmente se encuentran en lechos de algas marinas

LO QUE COMEN

Para mantenerse calientes en los océanos fríos, las nutrias de mar necesitan comer enormes cantidades de comida. Ellas comen más de un quinto (20%) de su peso en comida cada día. Un macho de las nutrias de mar debe comer como 16 libras de pescado cada día. Las nutrias de mar se zambullen muy hondo hasta el fondo del mar para juntar erizos, almejas y otros mariscos o pescados pequeños. Ellas juntan comida en sus patas del lado derecho y la guardan debajo de sus **antebrazos** del lado izquierdo. En la superficie flotan en sus espaldas, pasando los mariscos a sus bocas con sus patas.

Los erizos espinosos son una de las comidas favoritas

Las nutrias de mar normalmente viven en grupos

Las nutrias de mar flotan en sus espaldas para comerse la comida

CÓMO COMEN

Las nutrias de mar se encuentran entre los pocos mamíferos que usan herramientas. Usualmente pueden masticar los erizos y las almejas con sus fuertes dientes sin punta. Sin embargo, a veces las conchas están muy fuertes. Flotando en su espalda, la nutria de mar coloca una piedra plana en su pecho. Entonces golpea las conchas duras de las almejas o mejillones contra la piedra hasta que se abren.

Esta nutria de mar está usando una roca para abrir una almeja

SUS CUERPOS

Los cuerpos de las nutrias de mar están cubiertos de piel gruesa que crece en capas. Esta piel mantiene caliente a las nutrias de mar en los océanos fríos. A diferencia de otros mamíferos marinos, las nutrias de mar no tienen grasa debajo de su piel. Es muy importante que las nutrias de mar mantengan su piel en buenas condiciones. Si se dañara su piel, las nutrias de mar perderían el calor de su cuerpo rápidamente y se morirían de frío.

Las nutrias de mar deben mantener su piel en buenas condiciones

VIVIENDO EN EL OCÉANO

Las nutrias de mar probablemente son los nadadores más lentos de todos los mamíferos marinos. Normalmente, pueden nadar a 1 ½ m.p.h. Aun cuando las persiguen, pueden solamente alcanzar 5 m.p.h. Las nutrias de mar pueden zambullirse hasta 180 pies para recoger comida. En una zambullida normal, se quedan debajo del agua por un minuto o un minuto y medio. Se ha sabido de nutrias de mar que se quedan debajo del agua por cuatro minutos si las están persiguiendo o están amenazadas de otra manera.

Las nutrias de mar son nadadores muy lentos aun cuando las persiguen

NUTRIAS DE MAR BEBÉS

Las hembras de las nutrias de mar usualmente tienen un **cachorro** cada dos años. Los cachorros nacen con una piel lanuda, livianita de color café. Dentro de pocas semanas comienza a crecer la piel de adulto. No pueden hacer nada por sí solos y sus madres tienen que cuidarlos constantemente. Dejan descansar a los cachorros en sus pechos para darles de comer y peinar su piel. Los cachorros dependen de sus madres por varios meses.

Este cachorro de nutria de mar ha perdido a su mamá

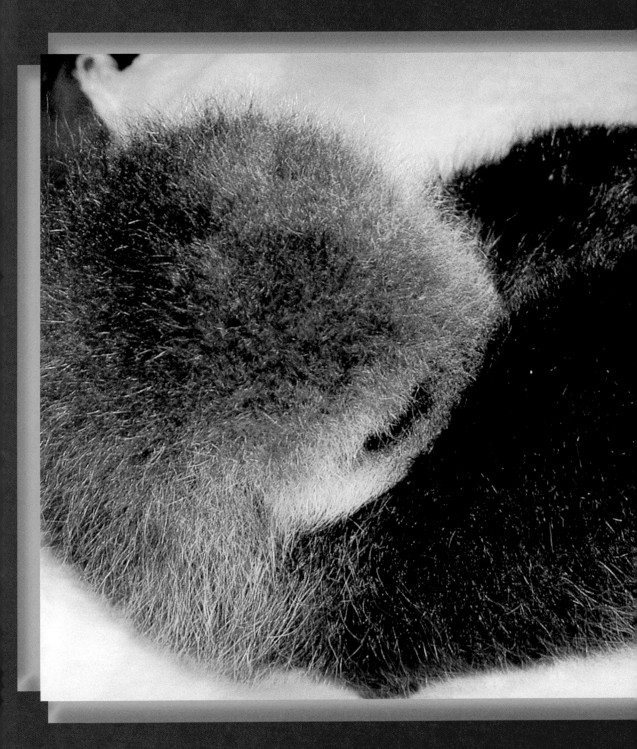

LA FAMILIA DE LA NUTRIA DE MAR

Las nutrias de mar viven en grupos grandes. Las investigaciones han mostrado que viven juntas felizmente y que rara vez se pelean. Las nutrias de mar no migran. Los grupos se quedan en sus propias áreas y no se mudan más de cinco a diez millas de ese lugar. A veces una nutria de mar soltera se va sola por un período de tiempo. Se han visto nutrias de mar solitarias alejadas centenas de millas de la **colonia** de nutrias más cercana.

GLOSARIO

algas marinas, lecho de—grandes
    áreas de algas marinas

antebrazos—brazos de adelante

cachorro—una nutria de mar bebé

colonia—un grupo grande de animales
    de la misma especie

mamíferos—animales que alimentan a
    su cría con leche de madre

miembros traseros—patas traseras